Su Mundo Interior

DELFOS MOYANO

SU MUNDO INTERIOR

©DELFOS MOYANO, SU MUNDO INTERIOR.

Imagen de portada: Pintura del maestro Héctor Carrizosa.

Contraportada: Semblanza del autor

Diseño de portada y contraportada: Laura Martínez y Carlos Álvarez
ISBN: 978-607-29-1438-4

Primera edición: Junio de 2018.

Impreso en Monterrey, Nuevo León, México

Autor: Delfos Moyano González

Correo electrónico: *delfosmoyano@hotmail.com*

DEDICATORIA

Quiero dedicar este poemario, a mi hermosa compañera de vida Angelina, a mis hijas Sambra, Dafne e Itzel, a mi hermana Aurora y su hermosa familia y a todos mis amigos que me han alentado también como familia a realizarlo y publicarlo, especialmente a Don Oscar Pedraza y Don Eligio Coronado, pero sobre todo a los que le dedicaran tiempo a internarse en mis sentimientos, tratar de entenderlos y disfrutarlos a través de mis letras.

Héctor Carrizosa por permitirme su obra para la portada y
a Laura Martínez
por el apoyo y diseño de la misma,
infinitas gracias.

ÍNDICE

SOCIALES

Delfos Moyano González

PRÓLOGO

Delfos Moyano es un hombre con una vocación. Y esa vocación es la poesía, sobre todo la amorosa de tipo tradicional. Se trata de una poesía que teje armoniosamente con pasión, placer y un buen sentido del ritmo.

Sus temas, tan universales como el amor, son: la madre, el padre, la esposa, los hijos, los nietos, el hogar, la mujer, Dios, la tierra natal, el tiempo y la filosofía.

Tan amplia como su temática es su creatividad: para su pluma no hay tópicos imposibles: hasta a la "nada" le ha escrito un texto: "Hoy le escribo a la nada, / que también es un momento. / No es que sea deseada / ni provoca sentimiento. / Sólo es por molestar / a quien dice que es imposible / que se pueda intentar" («Nada»).

En «Delfos, su mundo interior» su estilo es directo, claro, fluido, generalmente breve, con un tono conversacional y a veces didáctico, porque sabe transmitir la sabiduría adquirida en su largo cabalgar por los territorios de la vida: "mañana no sé si estaré vivo. / De mi vida no es la aurora, / la verdad, a quién le importa. / Me importa a mí que quiero decirlo. / Es el tiempo que se acaba, / es la experiencia en mi palabra, / es transmitir lo aprendido / es trascender ahora que estoy vivo" («Poeta»).

Gusta de rimar consonante y asonantemente, como una forma de reforzar el sonido del poema, y con ello demuestra su disfrute al enfrentar y vencer a los molinos de viento de su imaginación.

Sus conocimientos de oratoria le han permitido estructurar su obra escrita y llevarla por los conductos adecuados para su mayor perfección y lucimiento, aunque él no lo considera así: "Por decirte que te amo / de la forma que lo digo. / He sido criticado, / dicen que escribo a lo antiguo. / La verdad, que no me importa" («En este poema»).

Como todo artesano de la palabra, don Delfos (Matamoros, Tamaulipas., 1949) es un hombre del Renacimiento cautivo en una época materialista, en la cual el arte es un simple objeto de compra-venta y no un alimento para el espíritu, pero él sabe sobrellevar la situación con aplomo y determinación: "Las fronteras se crearon / igual que el tiempo medido, / por reyes que decretaron / lo ganado y lo perdido. (…) / La enseñanza que me dieron / en mi fe y en otras más, / es que somos ciudadanos / del universo total" («Ciudadanos»).

¿Volverá la poesía a refulgir como en la Época de Oro? ¿Vestirá de nuevo los ropajes de aquel lejano esplendor? ¿O estaremos viviendo Los Apocalípticos Días de los Juglares? ¿Será culpa de los nuevos tiempos y sus tecnologías, o es que el espíritu dejó de ser metáfora del crecimiento interior? Pase lo que pase, orífices de la palabra como don Delfos Moyano continuarán luchando por restaurar el pedido fulgor de este antiguo arte: "Hablaron de partes nobles / y morbosos pensamientos / comparándolos con flores / o a los sublimes momentos. / Ésa es la gracia, poetas, / que yo les quiero copiar / a nuestros antecesores / que escribieron tiempo atrás" («Aprendiz de poeta»).

ELIGIO CORONADO

POEMAS

Monterrey, NL., 2018

Delfos Moyano González

AMOROSOS

ÁNGEL

Si el tiempo regresase,
cuántas cosas de mi vida,
si eso se me diese,
sin pensar evitaría.

Pues de hiel un infierno
con errores he creado,
y de miel tus ojos tiernos
de mi vida he apartado.

Hoy te ruego que perdones
por todo lo ofendido,
y que a tu vida permitas
que de amor la siembre yo.

No me niegues la mirada
de tus ojos color miel,
y tu piel tersa, adorada,
no separes de mi piel.

DÉJAME

Déjame… penetrar tus
sentimientos y mostrarte
mis adentros, y después
decidirás.

Déjame…
con mis manos y mi cuerpo
a tus manos y tu cuerpo
enseñar lo que es amar.

Déjame…
con ternura y con caricias,
tu llanto tornar en risas
y que ya no sufras más.

Déjame porque te quiero,
déjame porque te adoro, a
tu lado siempre estar.

Déjame… empujarte
como el viento cual
velero en alta mar.

Déjame…
y si al final no estás de acuerdo,
que no haya remordimiento,
tú tan sólo… déjame.

LA COPA

Me tomé hoy en tu honor la última copa
y mañana no sabrás ya más de mí.
Ni tu nombre pronunciaré con mi boca,
mucho menos los recuerdos que hay de ti.
Me fallaste como nadie me ha fallado
y mataste una gran parte de mi ser,

Me dijiste que tu amor había acabado,
que era de otro todo, todo tu querer.

Pero el tiempo que es quien pone en el camino,
piedra o sombra, según sea el merecer,
me ha dado para entregar mi cariño,
una sombra con forma de mujer.

AMOR ETERNO

Ya no soy aquél
que perseguía tu cuerpo, que
se enredaba en tu aroma, que
se perdía en tu piel.

Ya no soy aquél
que se embriagaba en tu imagen
y se olvidaba de todo cuando
pecabas por él.

Ya no soy aquél,
que te tomaba en sus brazos
y en un mundo fantástico te
internabas con él.

Ya no soy aquél,
ahora soy viejo,
la pasión ya se fue.
Ahora hay ternura donde hubo placer.

Ya no soy aquél,
ahora te invito conmigo a envejecer
y al final que tú sepas lo eterno que fue el
amor que hace tiempo te quise ofrecer.

DIME

Dime qué tienen tus ojos que al amanecer los veo,
dime qué tiene tu pelo que su aroma siempre huelo,
dime qué tiene tu cuerpo que se me pega en los dedos,
dime qué tienen tus labios que siempre llaman a beso.

Dime qué pasa conmigo que al verte pierdo el sueño
y así, despierto, te sueño, te deseo y te bebo.
Dime qué pasa conmigo, que estoy perdiendo lo… cuerdo
por tenerte siempre cerca y así te siento tan lejos.

Dime qué pasa conmigo que me gusta verte yendo
para que, al regresar, disfrutemos tu regreso.
Dime qué pasa conmigo, que, al pasar el tiempo yermo,
sin importarme sus huellas, sigo deseando tus besos.

ADIÓS

Homenaje a José de Espronceda

Hace tiempo oí a un poeta
y un triste verso de amor.
Me hizo gracia su letra
y risa fue mi reacción.

Pero para mí desgracia el
mundo otra vuelta dio,
y el verso que me hizo gracia
ya mi amor lo comprendió.

Dice así:
"HOJAS DEL ÁRBOL CAÍDAS
JUGUETES DEL VIENTO SON.
LAS ILUSIONES PERDIDAS
SON HOJAS, ¡AY!, DESPRENDIDAS
DEL ÁRBOL DEL CORAZÓN".

Cuando dijiste hasta luego,
yo comprendí que era adiós,
que eran en vano mis ruegos,
que en ti no existía amor.

Y así se deshojó,
¡ay!, el árbol de mi pobre corazón.
Y el tiempo se llevó la ilusión de unir
tu amor y mi amor.

GRACIAS

Al amor de mi vida, Angelina.

Gracias, amor,
por aceptar el vivir esta aventura,
por ser tan dulce en este mundo de amargura,
por perdonarme siempre toda mi locura, por
ser mi amiga, como nadie pudo ser.

Gracias, amor,
por ser el lienzo de toda mi pintura, por
ser la madre de mis lindas criaturas, por
permitirme tenerte hasta la aurora, por
ser mi amante ofrendándome tu ser.

Gracias, amor.
No hay palabras que describan la ternura,
que le dieran a mi voz la tesitura.
No hay manera, ni con toda la escritura,
de describirte con tu estilo de mujer.

CUARENTA AÑOS

Al amor de mi vida, Angelina.

Qué bonita coincidencia,
bendita sea,
que tu vida y mi vida
por amor se unieran.

Hubo que cruzar los mares
y muchas tierras
para que tu amor y mi amor
se conocieran.

Ahora cuarenta años
mudos contemplan
el fruto de nuestro amor
y nos festejan.

Qué bonita coincidencia,
bendita sea,
tener nuestras hijas
y descendencia.

AMOR ESPECIAL

Con cariño para Laura y Gerardo

Desde niño siempre supe
que algo lindo pasaría
pero, al verte ese día,
sentí que contigo sería.

Aunque dicen que no era adecuado
el sitio en que nos conocimos, fue
un flechazo muy acertado
el que en el alma sentimos.

Fue una historia diferente,
muy tierna, nada igual.
No lo entiende mucha gente,
es un amor especial.

Hoy decidimos casarnos
y un reto queremos lanzar:
que a partir de este momento
nada nos va a separar.

ERES

Eres
una sombra en el camino,
el principio y el destino,
la razón de lo divino
la mejor copa de vino:
eres mi mujer.

Eres compañera de mi
vida, mi amiga, mi
consuelo, amante sin
medida, vigilante de mi
sueño: eres mi mujer.

Eres
la razón de mis anhelos,
la dueña de mis sueños,
mis esfuerzos, mis desvelos,
mi bitácora de vuelo:
eres mi mujer.

TIEMPO

Del tiempo tomé tiempo
y a la sombra me puse a esperar
que me alcanzase el tiempo
y así poderte encontrar.

Pero me alcanzó el tiempo
y, sin dejarse agarrar,
de mí se llevó mi tiempo
y mi tiempo de esperar.

Luego, sin importarme el tiempo,
a ti te he ido a buscar,
y sin darle tiempo al tiempo
me quedé con tu mirar.

Sueño con los besos tuyos,
pues el tiempo, en su pasar,
se hacen eternos sus flujos
cuando tus besos me das.

CAFÉ

Me fui acercando muy despacio,
un aroma de café llenó mi entorno.
Cuando llegué a estar dentro de tu espacio, me
di cuenta que en este amor no había retorno.

Un "te invito un café" marcó mi vida.
Un "te invito un café" llenó mi alma.
Hoy me entrego sin pensar en la bebida
que perfumó mi amor y robó mi calma.

Con aroma de café llenaste mi alma,
con aroma de café toda mi vida.
Ahora puedo decir con toda calma
que, de amor, el café es la bebida.

LA RESPUESTA

Dices que tú me entregaste toda tu juventud,
y que conmigo perdiste tiempo, frescura y virtud.
Si de juventud hablamos, dime, ¿que era entonces yo?,
pues el tiempo lo pasamos juntos, lo quieras o no.

No es justo que a mí me culpes
de lo que hicimos los dos,
pues si amor tú me entregaste,
te lo regrese en amor.

VÁLGAME DIOS

Válgame Dios, qué ganas
de tenerte aquí a mi lado.
Válgame Dios, qué ganas
de tu cuerpo abrazado.

Válgame Dios, qué ganas
de deslizarme por tu piel,
y ahí donde tú me digas,
quedarme hasta el amanecer.

Válgame Dios, qué ganas
de besarte suavemente
en los labios, en la frente
y a tu cuerpo totalmente.

Válgame Dios, qué ganas de
que tú también las tengas, y
así juntando las ganas
que yo te tenga y tú me tengas.

QUÉ ME FALTÓ

¿Qué me faltó darte
para que me amaras,
qué me falto darte
para que me vieras?

Sé que sin mi nombre
no existe compromiso;
eso es sólo de tu parte,
pues yo soy quien más te quiso.

Yo te quise a mi lado,
no sé si lo notaste.
Te di todo lo que pude,
pero te lo di muy tarde.

Siempre hubo quien ofreciera
algo más de lo que tuve.
Siempre otros te ofrecieron el
cielo y yo sólo las nubes.

¿Qué me faltó darte
para que me amaras,
qué me falto darte
para que me vieras?

MI META

Te amé, lo juro;
te amo, sin dudarlo,
pero tienes un muro
que no logro derribarlo.

Quiero hacerte feliz, pero eso
ha sido en vano; parezco un
aprendiz moldeando un trozo
de barro.

Siempre hay un recuerdo y
siempre es de algo malo.
De las cosas que he acertado,
de ésas, tú te has olvidado.

Más no me rindo en el intento,
el esfuerzo no será reprimido.
No quedaré contento
hasta cumplir mi cometido.

Quiero ver una sonrisa
y una mirada brillante y clara
que, cual suave y tierna brisa,
abrace nuestras dos almas.

CELOS

¿Qué me dan celos?
¿Tú que crees?
Ése es problema de ellos,
¿tú crees que es al revés?

A mí me gusta que te miren,
pues sé que tú me elegiste
para ir de mi brazo y tu vaivén,
pues me gusta presumirte.

Los celos que tengo son de ti,
de que a otro tú desees,
de que te olvides de mí,
que a otros ojos coquetees.

Para eso busco ser
de tu vida siempre el centro,
para que no quieras tener
otro acompañamiento.

EN ESTE POEMA

En este poema quiero
hacer mi corazón hablar,
decirte que me muero
por quererte adorar.

Por decirte que te amo
de la forma que lo digo.
He sido criticado,
dicen que escribo a lo antiguo.

La verdad, que no me importa,
pues sólo me interesa
que sepas, en frase larga o corta,
que tú eres mi princesa.

Lo que siento, ya lo he dicho,
lo que siento, no lo escondo;
lo que revienta en mi pecho
es un amor muy profundo.

En el turbio mar de mi historia
muchas veces fracasé,
"siempre perseguí la gloria",
pero nunca lo logré.

Cuando a mi vida llegaste
dejé de sentirme perdido.
Pienso que me faltaste
en todo lo antes vivido.

Lo anterior, todo es historia
que no mereció escribirse.
Contigo encontré la gloria
y mi sueño de amor realizaste.

QUÉ EGOÍSMO

¿Qué te acaricio la piel?
En realidad, acaricio mis dedos.
¿Qué te beso en los labios?
En verdad me bebo tu miel.

Qué egoísmo el mío,
que pido tantas cosas
y te abrazo, mujer hermosa,
para quitarme yo el frío.

Necesito que tu vida la
vivas junto a la mía,
que no le des cabida
a ninguna otra utopía.

Necesito de tu pelo,
necesito de tus ojos,
que me quiten el desvelo
de que puedas pensar en otro.

ME ENAMORÉ

Sin buscarte te encontré,
sin saberlo te busqué, sin
morbo en ti pequé,
es que de ti me enamoré.

Si fueras delito
delincuente sería,
y si fueses papelito
en ti lo escribiría.

Quisiera al mundo decir que
complementas mi vida,
pero eso sería mentir:
sin ti, mi vida no lo seria.

NOVIOS

Con cariño para Cecilia y Roberto

Es ilusión o es un sueño,
es una cita del destino,
inspiración que sin dueño
busca un corazón, busca un camino.

Ella, bondad y belleza;
él, protección y cariño. Son
dos manos que se rozan y
escriben un destino.

Son miradas que se buscan,
son palabras que no se hablan,
y con silencios comunican
la intensidad de cuanto se aman.

CUANDO

Cuando tú me ves
con esos ojos color miel,
y tu sonrisa me dedicas,
vuelvo a ser aquél
que conociste hace tanto.

Y mi corazón
se me sale de un salto
para seguir a la mujer,
a la mujer que amo tanto.

Tú guardas muy bien
tu cariño bajo la blusa
y, con tus andares de mujer,
el deseo en tu falda.

Y vuelvo a ser aquél que
conociste hace tanto, y
mi corazón
se me sale de un salto
para seguir a la mujer,
a la mujer que amo tanto.

AMOR DESNUDO

Quise encontrar hace tiempo
el amor puro y sincero,
y me equivoqué de cierto:
el amor es bandolero.

En lo romántico me apliqué, la
frenética búsqueda también.
Amor platónico busqué,
y otra vez me equivoqué.

Pero el día que te vi no
necesité explicación,
quise que fueses de mí,
y ahí perdí la razón.

Sobre el amor ahora sé
que, después del fraternal,
no importa cuando se dé,
sin la ropa está genial.

No hay amor vestido, decían,
y tenían mucha razón.
En la blusa está el cariño
y bajo la falda, la ilusión.

TENGO UN PECADO

Tengo un pecado reservado para ti;
con tanto deseo, no lo puedo describir.
Tengo un abrazo que lleva tu nombre,
sin ningún obstáculo, como Dios creó al hombre.

Sólo dime el día que tú quieras sentir
el amor de este hombre, y juntos escribir
de amor los más bellos poemas,
y amándonos por siempre vivir.

Tengo un pecado reservado para ti,
sólo en espera de que tu decidas el sí,
y te aventures, si así quieres vivir
la mejor experiencia, antes de morir.

YO TE HAGO EL AMOR

Al mirarte andar
oteando el infinito,
al verte probar
tu café con un sorbito.

Cuando el cepillo
pasas por tu pelo,
cuando te pillo
espiando mí desvelo.

Al sentirte tocar
mi piel con tus lindos dedos,
al escucharte murmurar
el cantar de unos versos.

Todas esas veces, mi amor,
todas esas veces,
yo te hago el amor
sin tocarte, yo lo hago mil veces.

RUEGO DE AMOR

Que no se acabe,
que no se acabe la noche, señor,
que no se acabe;
que no exista el mañana, de favor,
que no se acabe;
quiero seguir amándola hasta siempre,
que no se acabe
este placer inmenso y, si me miente,
que no se acabe
la falsedad de amor que ahora siente,
que no se acabe;
que así seré amado por ella eternamente;
que no se acabe,
que no se acabe la noche señor,
que no se acabe.

PEDIRÍA

Si Dios me permitiera pedir,
pediría, sin dudarlo,
que cuando nos toque partir,
que sólo él decide cuándo,
me permita ir primero,
pues conociéndote tanto,
sé que no te gusta ir
sin saber a dónde vamos;
así podría arreglar, pidiendo a
los que te amamos que todos,
todos te recibamos.

AMADA

Cuando no sepas qué hacer,
cuando te queme el deseo,
cuando sin comprender
sientas que ardes por dentro;
cuando el sueño se te fue
y tu ropa te incomode,
cuando quieras ser mujer,
cuando desees a un hombre
que te haga sentir placer
y que el placer te desborde,
sólo tienes que mirar
a los ojos de este pobre
que dispuesto siempre está
a cumplir tu bella orden
de llevarte a las estrellas
y al fondo de los mares,
disfrutando maravillas
de caricias incontables,
y al final juntos los dos,
en mis brazos recostada,
puedas sentirte amada.

TE SEGUIRÉ AMANDO

Cuando el tiempo nos alcance,
cuando el invierno nos cubra,
cuando tu alma se canse,
cuando no sientas ternura.

Cuando el encanto se pierda,
cuando ya no haya tersura,
cuando la voz ya nos tiemble,
cuando perdamos frescura.

Cuando se acerque la hora,
cuando el fin ya esté cerca,
cuando no se vea la aurora,
y el glamour desaparezca,

Cuando todo esto suceda,
no te preocupes y sigue andando,
pues este hombre mientras pueda,
este hombre te seguirá amando.

MUSA

Cuando por primera vez te vi,
conocí la hermosa sensación
de desearte para mí
y de tener inspiración.

Quise escribirte un verso,
todo un poema,
y aunque lo tengo impreso,
cuando lo leo, me da pena.

Te escogí como mi musa
de toda mi poesía,
y aunque lo escriba en prosa,
eres tú la vida mía.

Hoy quiero escribir mi historia,
pero no en papelería,
quiero alcanzar la gloria
en esa piel que hoy es mía.

ENAMORADO

Si tus ojos fueran versos
y tus labios un poema,
tus dedos suaves y tersos
y tu mover de cadera.

Si tus versos fuesen besos
y tu mirar noche buena,
cualquier día de estos
te leería del desayuno a la cena.

No me dejes con las ganas
de tenerte aquí a mi lado,
pues de la pintura me inspiras,
de ti estoy enamorado.

FRACASOS

De errores mi vida llena
está plagada de fracasos,
sólo la considero plena
al estar entre tus brazos.

SUEÑOS Y RECUERDOS

De sueños y recuerdos
mi vida está plagada,
sin importar si son buenos
con llanto o carcajada.

Siempre soñé con la dama
con la amiga y con la amante,
siempre soñé con tu alma,
conocerte y con amarte.

Recuerdo al conocerte en
mis sueños de repente;
pareciste retratarte,
de mi vida formaste parte.

Mas si no hubiera sucedido,
quisiera informarte
que, sin haberte conocido,
tendría que recordarte.

TE AMO

En nuestra vida juntos
hemos vivido de todo,
juntos en los triunfos
y juntos en el lodo.

A veces estamos de humor,
otras veces irascibles, pero
por nuestro amor
terminamos apacibles.

Cuando discutimos fuerte
siempre triunfa la razón,
no importa cuál sea la fuente,
el final es nuestro amor.

No me importa que tu ego te
haga tratarme con furor, es
más lindo pelear contigo
que con otras hacer el amor.

FAMILIARES

A MI HIJA SAMBRA

El balanceo de caderas,
la insinuación al mirar,
arrumacos y caricias
nunca me hicieron cambiar.

Siempre fui un aventurero,
nunca fui amante leal,
lo mismo me daba morena
que una rubia irreal.

Pero conocí a una niña que
apenas si sabía hablar, me
hizo sentarme en el suelo y
dibujarle, y cantar.

Claro… tenía una madre,
una mujer de verdad,
que cuidó siempre a su cría,
sin perder la dignidad.

Esa niña me llama padre,
y me lo hace sentir de verdad,
sin importarnos la sangre,
ni la ley ni sociedad.

Cuanto te agradezco mi amigo,
no lo sabes, es verdad,
que tú, al equivocarte,
me diste felicidad.

LA CASA

El lugar donde nací, la
casa de mi familia,
con el tiempo la perdí,
pero mi alma no la olvida.

Con las manos en la tierra,
y en la frente el sudor,
el alma tranquila y buena:
es mi padre en la labor.

Mi madre pone en la mesa
un plato y sale vapor,
y después, y ya sin prisa,
en la mesa, el labrador.

Mi padre por mi dejó
aquella vida tranquila.
Ya no es agricultor
para asegurar mi vida.

Mi madre se preocupó
porque yo hiciera carrera,
y vaya si me empujó
para que al fin la obtuviera.

Mis padres en mí sembraron
una semilla bendita
de amor en el corazón
para dársela a mi cría.

Mi padre es el labrador,
mi madre, ternura y guía.
Yo soy tierra de labor,
soy el fruto de su vida.

El lugar donde nací, la
casa de mi familia,
con el tiempo la perdí,
pero mi alma no la olvida.

MIS NIÑAS

Hace tiempo tuve un sueño
y el sueño se realizó:
a las niñas de mis ojos
ante mí las tuve yo.

Son mis dos hijas pequeñas,
a las dos que con amor sigo
soñando ese sueño: darles
un mundo mejor.

A MI HIJA ITZEL

Y si pudiera elegir
aun sería lo mismo:
tu sonrisa es vivir,
tu caricia… paraíso.

Con tu inocencia de niña
y el candor de tu amor
de mi desierto haces viña
y de ser padre, lo mejor.

Eres la más pequeña, pero
con gran corazón. Serás
siempre mi niña, serás por
siempre mi amor.

A MI HIJA DAFNE

Noble, dulce y tierna,
inteligente y bonita;
eres segura y serena,
eres mi morenita.

Persiguiendo siempre un sueño,
te veo bregando y activa.
El que llegue a ser tu dueño,
más vale que vea hacia arriba.

YO, PADRE

Es cierto que no creamos,
es cierto que no parimos,
pero los que padres somos,
por los hijos nos morimos.

Cuando uno se enamora de
la cría de una hembra,
puede estar segura, señora,
no hay que pedirme que vuelva.

Ser padre es una honra y
de ello me congratulo.
La semilla que uno siembra
es cosecha en el futuro.

NIETOS

Cuando la fuerza se merma,
cuando el tiempo se termina,
aparece en nuestra huerta
un ser que no camina.

Llora como un loco,
se parece a la familia,
y al acercarme un poco
me controla y me domina.

Es la cría de mis hijos,
es extensión de mi vida,
es mi nieto que a mis ojos
le dan la luz del día.

Cómo es Dios un ser tan sabio,
que cuando voy de salida
me da una luz que ilumina,
y a mi alma le da vida.

CUANDO TE ACUERDES

Cuando te acuerdes de mí,
cuando no puedas decirme,
cuando intentes escucharme,
aunque sea para aburrirte.

Cuando no puedas decir
que te harto al regañarte,
que sólo quieres vivir,
que yo no quiero entenderte.

Cuando tengas tú mi edad,
cuando empieces a cansarte
sólo por caminar
o por subirte a un taburete.

Cuando el tiempo se te va,
cuando el templo no te alivia,
cuando el rezo no te basta,
cuando todo es angustia.

Cuando sientas soledad,
cuando otro de ti se harte,
cuando el glamour ya no esté,
hijo, vas a extrañarme.

PADRES

Es el águila gloriosa un padre ejemplar.
Deberíamos imitarla a los hijos educar.
Pone a su cría en lo alto, donde no se puede alcanzar,
lo cobija y lo refresca si hay la necesidad.
Pero cuando sus plumas marcan que ser pollos han de dejar,
les promueve que abandonen tanta seguridad,
que del nido se aparten, que empiecen a aventurar
y, si es necesario, lo empujan para que empiece a volar.
Claro que cuida que el crío no se caiga de verdad, pero
sabe que, si es águila, tendrá que aprender a volar.

FUERON CUATRO

Cuatro llegaron al puerto,
cuatro que de Europa salieron,
pues la guerra que lucharon
con ayuda de otros la perdieron.

Cuatro que iniciaron el viaje
de entender otra cultura;
con penas y sueños de equipaje
empezaron a conocer de agricultura.

Cuatro que se enamoraron
de esta tierra mexicana.
Una familia formaron
y no olvidaron a España.

Cuatro ahora descansan
en la tierra trabajada,
usando boina y alpargata,
en su segunda amada patria.

MAMÁ

Me regalaste tu cuerpo,
me regalaste tu alma,
me regalaste tu vida
y no me pediste nada.

Me diste tus cuidados,
me diste tu cariño,
me diste tus desvelos
a cambio de la nada.

Ahora con los años
recuerdo tus caricias,
recuerdo tus consejos,
todo lo que me dabas.

Ahora que no te tengo
deseo poder verte,
deseo tus regaños
y hasta tu castigo tierno.

Fue muy lindo el tenerte
y siempre mía saberte,
presta a perder la vida
sólo por defenderme.

Qué diseño hermoso
creó nuestro señor
con las manos de una madre
y con Dios en el corazón.

MI PADRE

A mi padre <u>Pedro Moyano González</u>

Un padre es un árbol
que te da cobijo,
disfrutas su sombra y
seguridad.
Alimentas tu hambre
del fruto prolijo,
recargas tu cuerpo
cuando no puedes más,
pues es fuerte su tronco
y soporta de todo:
tormentas, sequías
y mil cosas más.
Pero cuando envejece
y se va secando,
te alejas pensando
en tu seguridad
al ver que se quiebran
sus ramas ya viejas,
que todas sus hojas

se van a volar. Sus
frutos que antes
saciaban tu hambre
ya no alcanzan
ni para jugar.
Su cariñosa sombra
que a todos cubría
se ha perdido toda
y ya no puede más.
Ahora él necesita del
riego diario,
comprensión y cariño,
y muchas cosas más,
pues aquel tronco
que lo sostenía
ahora cualquier viento
lo puede tumbar.
Por eso no te olvido,
porque siempre te das,
por entregarte todo,
por haber sido siempre,
siempre...mí papa.

HIJOS

Para qué me acostumbraste
si al final caminaste solo;
para qué me acostumbraste
si de necesitarme dejaste.

Tan lindo que se siente
cuando me dices papá,
cuando me pides ayuda,
cuando te voy a "salvar".

Cuando con la tarea te
tengo que ayudar, pues
para ti soy el sabio
que todo puede explicar.

Pero nada es para siempre,
cuando empezaste a volar
hiciste tus compromisos.
Ahora te empiezo a estorbar.

Hoy llevo ya contadas tres
semanas, no sé si más, que
viniste a visitarme porque
vienen los demás.

Pero todo te perdono:
sé que vas a trabajar,
que tienes ocupaciones,
que otro día tú vendrás.

Sólo te deseo, cariño,
que a ti no te pase igual,
pues la historia que se escribe,
siempre, siempre se escribe igual.

EL PADRE

Oye, mi niña, cómo has crecido.
Fuiste mi princesa vestida de rosa,
con moñitos de tul en tu pelo trenzado.
No tienes ni idea de cómo, preciosa, te
metiste tanto y cómo has calado.
Siempre que te vi, estabas hermosa,
quise ser tu amigo y contigo he jugado
a lo que tú digas y siempre, mimosa,
tus decisiones de vida, cariñoso, he apoyado.
Hoy que te veo, mujer, dama, hermosa,
y vienes a decirme que has encontrado
la pareja perfecta, que la vida es gloriosa,
que es lo que querías, que es el hombre soñado.
Sólo quiero decirte, aunque parezca prosa,
que, en la vida, como yo, nadie te ha amado.

FILOSÓFICOS

SOLO

Una semilla sin tierra, un
Cristo sin humanidad,
una copa ya vacía:
todo eso es soledad.

Un corazón que amó tanto
sin tener a quien amar,
un corazón como el mío:
todo eso es soledad.

Una canción entonada que
nadie quiere escuchar, una
nota que tocada
se pierde en la inmensidad.

Una copa, una semilla,
un hombre es soledad.

Es desierto y es sombrío
del hombre su caminar,
con la cara contra el viento
siempre solo ha de avanzar.

Parece mentira, paisano, lo
que en el mundo se da, pues
aun siendo tantos, solo,
siempre solo has de acabar.

Hubo alguien hace tiempo
que se hizo acompañar,
y si mal yo no recuerdo,
solo… a la cruz fue a parar.

A UNA AMIGA

Para Soledad Adán M.

Soledad, eres mi amiga,
Soledad, eres amor,
eres historia y medida,
un lugar del corazón.

Del pasado te presentas
y al pasado me voy yo;
mi infantil y tierna amiga,
mi recuerdo, mi ilusión.

Has tocado en mi vida
muchas veces mi corazón.
Soledad, eres mi amiga;
compañía, diría yo.

QUISIERA

Quisiera ser como antaño,
de alma tranquila y buena;
alma de niño,
alma que vuela.

Quisiera lanzar la pelota
en vertical ascendente,
esperando quede quieta
y que Dios me la regrese.

Y sentir que el creador
su tiempo me dedique
y, disfrutando ese candor,
conmigo juegue y platique.

JUDAS

Hablando entre la gente, el
Señor a voces reclamaba a
quien, viéndolo de frente,
su pasión aún juzgaba.

¿Quiénes sois para juzgarme?
Si en cumplimiento estaba,
si esperaste a verme inerte,
si al ver la luz sabéis que hay alba.

Juzgasteis también a Judas,
a mi amigo que me amaba,
que del averno las culpas
de la humanidad cargara.

Sabed que no hubo pecado,
que destrozándose al alma
me ayudó a ser cumplido
con mi padre y su palabra.

Al pecar, él no se ha hundido,
al pecar, me dio su alma,
y con ella he ascendido,
con su beso aún en mi cara.

CANTO

Vengo a cantarle a la vida,
vengo a cantarle al amor,
vengo para el que me siga
tenga un mundo mejor.

Quiero que ya no haya guerras,
quiero en el mundo la paz,
quiero que no haya fronteras,
quiero la fraternidad.

Amo a las personas buenas,
amo a quien sabe amar,
amo, aunque amar no sepas,
amo a la humanidad.

EL TIEMPO

El tiempo es la vara con
que nos mide Dios.
Nunca nos da la cara,
es etéreo, es veloz.

Qué rápido que pasan
los años sin cesar,
primavera y verano,
y el otoño quedó atrás.

Es ahora el invierno
quien me vino a visitar.
Noche blanca, viento frío
y tiempo de recordar.

Más joven, muy adentro,
se mantiene el corazón y,
niño todo el tiempo, aún
juego al amor.

No te mires al espejo,
ya no mires al reloj,
que a tu cara sonriendo
le dé la luz del sol.

CUENTO DE UN BOSQUE

Hace muchos, pero muchos años, por el camino de un bosque encantado caminaba una muy bella mujer ricamente ataviada; lo extraño es que su andar sólo era acompañado por su sollozo. Se podría adivinar por su semblante que sufría una gran pena y que su peregrinar solitario era sin rumbo, pero el destino, que es quien pone la piedra o la sombra en el camino, esta vez, en una encrucijada puso a un apuesto y engalanado caballero que, al ver pasar a la dama, le ofreció su compañía y protección, ya que los dos caminos se convertían en uno. La dama acepta. <u>Él</u> parecía de noble cuna y culto su conversar. Paulatinamente, con la plática del noble caballero fueron desapareciendo los sollozos, hasta que, por fin, se empezaron a transformar en risas. En ese momento, el acompañante al ver que nuevamente el camino se separaba, preguntó el nombre de la dama, quien respondió: "Soledad", a la vez que preguntaba el de él, quien, despidiéndose, respondió: "Olvido".

ÁRBOLES

Impasibles, orgullosos,
soportando inclemencias
y ataques alevosos
de los hombres y las bestias.
Testigos de nuestra historia,
historia de nuestras vidas,
compañeros en la gloria,
vehículo de partida,
combustible en los hogares,
hogar para las familias
para tesoros guardar
sin defecto, sin envidia.
Añosos y viejos amigos,
inseparables andamos,
aunque existan más caminos.
Si ustedes se van,
todos nos vamos.

PREGUNTA

En este universo de
universos hecho, de
universos lleno,
de infinidad y tiempo;
buscando respuestas,
acumulo preguntas
que se responden
con aumento de dudas.
Inmensidad de galaxias,
de soles, planetas y lunas,
buscamos turbados
infinitas partículas
que nos respondan
las simples preguntas:
¿de dónde venimos?,
¿hacia dónde vamos?,
¿quién ha creado esta criatura?,
¿o la vida mía?, ¿o esta aventura
que todos vivimos con amarga dulzura?
Insolentes somos, no es así la pregunta.
No es la partícula o el sol o la luna,
es la esencia Divina que, con suave soplo,
marcó partitura de esta mezcla exacta,
de polvo de estrellas, creando la esencia
de la vida misma y el entorno de ella.

HOY

Con cariño a mi compadre "Meme"

Amigo, hoy aprendí, con
el dolor de tu partida que
no decido en esta vida
cómo vivirla, es lo que depende de mí.

Que la vida es sólo una, que lo
mío de otro ha de ser; que el
futuro está en la bruma,
que el final no lo puedo detener;
que hay que acumular amigos,
que sin pretexto hay que reír;
amar siempre y sin remilgos,
buscar ser feliz hasta morir.

Amigo, hoy aprendí, con
el dolor de tu partida que
no decido en esta vida
cómo vivirla, es lo que depende de mí.

CUENTO SIDERAL

Hace varios eones, y estando la Diosa Natura en el espacio sideral, obscuro, frio y ausente de todo, aburrida, decidió ponerse a soñar y al hacerlo concibió el universo lleno y brillante, pleno de estrellas, nubes, rocas muertas o vivas, heladas bolas de gas solidificado o flotando sobre núcleos densamente aglutinados, luces, destellos, estruendos y movimientos todos que distraían a la gran Diosa y le hacían divertido el devenir de su estancia en el espacio que era su hogar, así que decretó que sería verdad, por lo que se auto gestó y más adelante parió el universo que hoy conocemos, pero para que sucediesen todas las cosas que ella vio en su sueño, los movimientos, los destellos y todas las demás cosas, tendría que aplicar algo que sólo los dioses poseían: el paso del tiempo.

Así que le asignó un correr del tiempo definido a ese universo, las estrellas podrían evolucionar y moverse al igual que los demás cuerpos y materia que lo componían. Pasado los milenios y cada vez menos divertida con su creación, ya que no sucedía nada sin que ella lo provocase, decidió escoger uno de los granos de arena que componían su universo y le decretó la vida. La vida tendría que ser parecida a la de ella, pero finita, no eterna. La vida sería prestada y al finalizar regresaría a su origen, o sea a ella.

Además, los seres creados tendrían libre albedrío, como ella, pero sin derecho a decretar. No permitiría la ausencia de dolor, la ausencia de culpa, el miedo, la auto gestación, y para que la gestación sucediese, tendría que pagarse un precio: la unión de dos voluntades, así como de sus sueños, la pérdida de la libertad y el manejo del uso compartido del tiempo. Así nació algo que ella no había conocido: el amor.

Al ver lo que sucedía con el amor entre los seres y viendo que aun perdiendo y pagando, era un bien buscado y venerado, quedó tan sorprendida que quiso encontrar algo que lo limitara o por lo menos que lo equilibrara, así que se puso a hurgar en su mente y concibió el odio, el cual decretó existiera en la misma cantidad que el otro y sin mezclarse, logrando que los seres que profesen amor, no sepan desprenderse de lo amado sin odiarlo.

MI DIOS, TU DIOS

Pido y deseo que Dios
deje de ser de alguien
y que nadie nunca jamás
de él conozca su nombre,
y lo deje en libertad
de amar a todos los pueblos
y a las razas y demás. Que
dejemos de culparlo por
querer siempre luchar, por
considerar enemigos
a los que no piensan igual.
Él nos dio la vida
y en ella la libertad
de escoger nuestros caminos
para a su lado llegar,
Pido y deseo que Dios
deje de ser de alguien y,
en vez de irle a rezar,
vamos a ayudarlo, amigo,
que hay mucha necesidad.

EL PASO DEL TIEMPO

Si el paso del tiempo fuera
garantía de sapiencia, gran
sabio ahora seria,
pero sólo veo canas y piel vieja.

Si el paso del tiempo fuera
sanación de las heridas,
sanos ancianos habría,
pero sólo veo canas y piel vieja.

Pues el paso del tiempo no es
garantía de sapiencia,
ni sanación de las heridas,
pues sólo garantiza olvido y vejez.

POETA

Hoy escribo, hermano,
y no sé la razón de lo que escribo.
Luego veo la pluma en mi mano
Y, al ver mi piel, descubro que estoy vivo.
No sé por qué lo escribo,
pero sé que ha de ser ahora,
pues mañana no sé si estaré vivo.
De mi vida no es la aurora, la
verdad, a quién le importa.
Me importa a mí que quiero decirlo.
Es el tiempo que se acaba,
es la experiencia en mi palabra,
es transmitir lo aprendido
es trascender ahora que estoy vivo.

ESCARABAJOS

Atesoramos cosas:
objetos, recuerdos.
Atesoramos dolores,
heridas, desvelos.

Y vivimos cargados
con los hombros.
Cansados por pesos
que nos vuelven lerdos.

Guardamos cosas innecesarias
y sentimientos que nos oprimen,
en lugar de al creador dar gracias
por no vivir lo que otros viven.

Somos escarabajos
que acumulamos de otras heces,
sin disfrutar de las limpias cosas
que nos rodean y nos ofrecen.

OLVIDOS

No es la distancia, mi amigo,
la que crea los olvidos,
es el olvido, mi amigo
el que mata los cariños.

Sin importar la distancia
amo a familia y amigos,
y aun estando cerca, mi amigo,
puede ser grande el olvido.

No recuerdes los favores,
recuerda el calor trasmitido
en el abrazo afectivo,
en el silencio compartido.

No es la distancia, mi amigo,
la que crea los olvidos,
es el olvido, mi amigo
el que mata los cariños.

NADA

Les hacen odas a héroes, a
ciudades y a toreros.
Escriben a las mujeres
cuando están enamorados.

Les escriben a las batallas,
les escriben a sus tormentos.
Escriben por que le fallas,
se escribe en cualquier momento.

Hoy le escribo a la nada, que
también es un momento. No
es que sea deseada
ni provoca sentimiento.

Sólo es por molestar
a quien dice que es imposible
que se pueda intentar.
Escribir siempre es factible.

APRENDIZ DE POETA

Vivieron del mal pensar
y de escribirlo bonito.
Quisieron endulzar
al oído un momentito.

Describieron a las rosas
sin hablar de las espinas.
Dijeron las feas cosas
sin las lenguas viperinas.

Hablaron de partes nobles
y morbosos pensamientos
comparándolos con flores
a los sublimes momentos.

Esa es la gracia, poetas,
que yo les quiero copiar
a nuestros antecesores
que escribieron tiempo atrás.

FANTASÍA

En mi universo de fantasía,
donde lo imposible muere,
donde nace mi poesía,
donde decido fuego o nieve.

Ahí te sueño y te creo,
ahí te escribo y te digo,
y de verte quedo ciego
y tu cariño mendigo.

Eres todo y eres nada,
eres más que el tiempo eterno.
Con un instante de tu mirada
piso el cielo y el infierno.

Eres mi musa y mi ancla,
contigo sueño y despierto,
contigo extiendo las alas,
contigo seguro en el puerto.

Fantasía de mi vida,
fantasía elaborada
de mujer se vistió tu cuerpo
y eres mi amante adorada.

BAGAJE

No me canso de decirlo: soy
viejo y lo he aceptado. No
me quejé al caminarlo,
menos cuando ya he llegado.

Ahora puedo voltear
sin rencores al pasado.
Espero que a los demás
no les pese demasiado.

Le agradezco a Dios el camino
cargadito de problemas,
pero más agradezco al divino
que resultaron cosas buenas.

Cada tropiezo vivido
me dio un aprendizaje,
el cual no quedó en el olvido:
formó parte del bagaje.

Ahora invito y convido
a todo el que quiera oír,
que el que se sienta perdido
tendrá que aprender a vivir.

Aun me falta aprendizaje,
eso nunca lo olvido,
pues mientras viva, mi traje
tendrá que ser recosido.

Pues al final del camino
a todos nos pasa al partir,
pues lo último aprendido,
¡lo último es aprender a morir!

HUMANO

Daba vueltas antes de nacer
y al irme seguirá girando,
pero nos gusta creer
que nos siguen necesitando.

Cómo es el hombre egocéntrico
que se cree tan especial,
pues se siente el escogido
por el Dios universal.

Nos da miedo el morir,
se nos olvida la fe
que nos dice que al partir
a su diestra estaré.

Siempre lo digo, mi amigo,
siempre lo digo y ahora,
teniéndote por testigo,
se aprende hasta la última hora.

CAMBIANDO

En esta vida
nada es verdad,
todo es mentira:
ni el sol esta donde se mira.
Primavera y verano, todo
cambia, nada es igual. De
ahí sigue el otoño
y el invierno nos viene a enfriar.
Del cielo, al platicar,
verás que sucede más:
celeste de día,
si nublado no está;
obscuro de noche
si la luna no quiere brillar,
y al día siguiente
otra fecha será.
No sé a qué le temes
cuando te dicen cambiar,
si lo que hacemos los hombres
es sólo eso: cambiar.

EL TRECE

Es del hombre tradición
dar a los números poder,
para el bien o destrucción
sobre los demás o su ser.

Cifras como el triple seis
para representar al mal, y
al triple nueve veis para
la contraria llevar.

Del trece se habla mucho
y se escribe en albur.
Es primo, según escucho,
no lo juega ningún tahúr.

Hace tiempo alguien formó
un grupo que sumó trece.
Gran corriente originó
al morir él y el trece.

Uno en la gloria quedó,
junto al padre creador,
al otro el mundo lo odió
por creerlo un gran traidor.

Así encontré del trece
un tenebroso rumor,
pues siendo martes o viernes,
a todos causa temor.

RIESGO

No hay mejor herencia
que promover los sueños
y de enseñar la insistencia
de luchar siempre por ellos.

No hay nada más caro que
dejar pasar el tiempo sin
acción, dejándolo vano,
sin sustancia y sin esfuerzo.

No existe peor riesgo
que nunca atreverse a tomarlo,
pues si nunca enciendo el fuego,
no calentaré mi cuerpo.

No hay mejor sueño
que el que voy soñando despierto,
así, despierto, de él me adueño
para convertirlo en recuerdo.

AZAR

Azar, qué risa, si todo es azar.
¿Que mis padres coincidiesen?
Azar.
¿Que se gestase mi vida?
Azar.
¿Qué me encontrase con la tuya?
Azar.

¿Que entre millones me escogieses?
Azar.
¿Qué decidiéramos perdurar?
Azar.
¿Que lo hayamos logrado?
Azar.
¿Que aun estemos enamorados?
Azar.

Azar, azar, cómo doy gracias siempre al azar.
Ahora descubro lo vivido, gracias al azar.
Lo logrado y lo perdido siempre es por azar.
Pero de todo agradezco el poderte adorar.

YA SOLO

Qué solo me siento
cuando estoy con tantos
y cuento tan poco.

Qué solo me siento
cuando canto amores
y recibo odios.

Qué solo me siento
cuando ofrezco ayuda
y hay oídos sordos.

Qué solo me siento, tanto
que se ha convertido en un
resentimiento.

Qué solo me siento,
como aquél que, solo,
fue a pagar por todos.

LA MEDIDA

Otro año más,
inútil medida;
qué más da que se mida,
si al final de la vida,
todo lo que cuenta
es como fue vivida.

Otro año más,
otro a mi vida.
Espero que sea contigo,
contigo y siempre,
contigo, mujer querida.

JESÚS

Sin importar su nombre,
siempre lo he aceptado.
Sin importar el rito,
siempre me he entregado,
Mas si me dijeran: has sido engañado,
probando que no es divino,
que al cielo no ha llegado,
aun así, lo honraría predicando su legado,
pues murió por nosotros y eso,
eso para mí es sagrado.

PRETEXTOS

Si del hombre contara la historia,
de temor mancharía mis letras,
pues, según, persiguiendo la gloria,
a todos los seres aterra.

Extinguiendo todo a su paso,
sembrando por doquier la guerra;
su dominio ahoga cual lazo,
sin defensa se asfixia la Tierra.

Pretextos de raza y cultura,
pretextos de una fe cualquiera,
pretextos que lanza a la altura,
para dominar o para que muera.

Presumimos de ser elegidos,
presumimos que es nuestra tierra,
pero el Dios que está en los cielos
siempre pide amor, no guerra.

AMIGOS

Los amigos son los ángeles que el cielo
nos acerca para hacer fácil el camino,
pues sin ellos la vida tendría un velo
que dejaría a obscuras el destino.

Los amigos son sombras en la brecha
que abrimos al caminar en esta vida;
sin ellos caminado a la derecha
sería un laberinto sin salida.

Los amigos son gente que te acepta
con errores, con triunfos y fracasos;
siempre te ayudan a llevar la carreta
te llevan con ellos en sus brazos.

Son hermanos que Dios ha permitido
que circulen contigo este camino,
son silencio o el abrazo bien sentido
y, para tu sed, la mejor copa de vino.

MEXICANO

Aunque aquí yo he nacido,
vengo de sangre extranjera:
mi casta es de criollo
y mi piel no es morena.

Orgulloso de mi tierra
y defenderla lo juro,
tricolor es mi bandera,
como México ninguno.

A mis padres adoptaron
exiliados y sin patria.
Como iguales los trataron.
A los mexicanos, gracias.

INFIERNO Infierno,
lugar mítico que
desborda la razón
para explicar un poco
lo que siente el corazón.

El infierno está sembrado,
por la guerra o por amor,
para lograr lo más deseado,
sin importar el dolor.

Los cuerdos sufren por gloria,
por poder, dinero y honor. Yo
prefiero la otra historia:
los poetas sólo sufren por amor.

SOCIALES

MUCHACHO

Muchacho, no cantes más
ésa, tu canción.
Muchacho, no cantes más
ésa que habla de amor.

Hace muchos años
alguien habló de amor.
Hace muchos años
ése en la cruz murió.

Muchacho, no cantes más
ésa, tu canción.
Muchacho, no cantes más:
te van a crucificar.

CUANDO VEO, NO CREO

Cuando veo
las atrocidades cometidas,
la cantidad de vidas perdidas,
la sinrazón de las fronteras,
las estupideces de las guerras.

Cuando veo
a caudillos dictatoriales,
los odios fraternales,
los fanatismos seculares,
las razones particulares.

Cuando veo, cuando veo,
cuando veo,
y pienso en Dios, no creo,
no creo que acepte lo que veo.

Que matemos al hermano,
no creo.
Que aceptemos al tirano,
no creo.
Que abandonemos al enfermo,
no creo.
Que nos creamos superiores,
no creo.
Que no veamos nuestras sandeces,
no creo.
No creo, no creo. La verdad, no creo lo que veo.

CUENTO DE LOS INSECTOS

Tomando los personajes de la fábula "La Cigarra y la Hormiga".

Como siempre, hablaremos de una hormiga trabajadora y dispuesta que llegó a un nuevo vecindario en un jardín de alguna casa de postín. Pues bien, la pequeña hormiga tenía como nombre Labora Austera y su vida era así, dedicada al trabajo y al ahorro. Así que desde que llegó al lugar se puso a trabajar con frenesí hasta que logró hacer un nido digno del mejor de los insectos, profundo e impermeable, con sus diferentes cámaras de cultivo, descanso, bodegas, alimentación y crianza, con la esperanza de que en la siguiente primavera pudiese convertirse en reina de un feliz hormiguero, ya que en los alrededores había suficiente hierba y humedad para cultivar hongos que son su principal alimento. Pero resulta que durante todo este proceso escuchaba a una cigarra, señora que habitaba con anterioridad en el vecindario y que llevaba por nombre Mística Pachanga y que, por lo general, cantaba y cantaba y, cuando no lo hacía, pues dormía y descansaba de hacer nada.

Al llegar los primeros indicios del invierno, como siempre, la señora Pachanga fue a la puerta de la casa de la señora Austera y después de tocar duramente la puerta le solicitó alimento y espacio para descansar, a lo que la hormiga se negó aludiendo que los espacios estaban reservados para las crías que emergerían para poblar el hormiguero. Por lo que la cantante ofendida se retiró y se presentó al Sindicato Único de Insectos Estigmatizados, los cuales presentaron una demanda a la Federación de Insectos que, a la vez, ya que estaban en elecciones, se llevó al Congreso y ahí los miembros del Cuerpo Colegiado acordaron que el trabajo de la señora Labora Austera se realizó de manera ilegal, violando los acuerdos sindicales, pues no utilizó ayudantes ni obreros de tipo alguno, además de no pagar los emolumentos por haber escuchado las canciones de la señora Pachanga. Por si esto fuera poco, la señora Labora fue puesta bajo la mira de la Comisión de los Derechos de los Insectos por discriminación a las clases desprotegidas, por lo que, con la suma de las demandas y el rechazo de la sociedad en general, fue expulsada del vecindario y sus propiedades repartidas entre los participantes de la acción correctiva de reinserción social y la señora cigarra premiada con una curul en el congreso de los insectos por sus actos revolucionarios en bien del vecindario. Perdón, creo que mezclé algo con la realidad, ¿o no?

MUJER

Me congratulo por la mujer
que, enfrentando milenios obscuros
de hipócrita velo, despoja su ser
y al mundo sale con pasos seguros,
despreciando rechazos y malos augurios,
segura de ella, guerrera indomable,
sin temor al fracaso ni a la moral doble;
triunfa en silencio y antepone el orgullo
de criar a su prole con cariño de madre
y, si no encuentra un hombre,
también el cariño de padre.

PUEBLOS

Necios los que se quejan
de cotidianos errores
y que siempre a otros culpan
por sentir que son peores.

Culpan a Dios en lo alto por
no alcanzar bien su meta, sin
fijarse que fueron faltos
al decidir aplicar su fuerza.

Culpan a los gobiernos
por su sueldo miserable
y si engordan como cerdos
de la ropa culpan al sastre.

De sus dolencias al médico
culpan por no atinarle
y al triunfador amigo,
a ése, a ése por no ayudarle.

Hay que ser maduro, mi amigo,
hay que luchar para lograrlo,
pues para tener un buen trigo,
primero, hay que sembrarlo.

MONTERREY

En mi ciudad, que eférvece, hay
remansos de agua pura, aunque
el tiempo desaparece, hay quien
se dedica a la cultura.

Creadora de grandes industrias
y de importantes empresarios,
también se dan los artistas
y los bellos poemarios.

Quién dijo que la incultura se
adueñó de nuestra tierra: de
Sergio y Héctor la pintura se
fue sin conocerla.

Rubén, Sergio, Julián y Luis
del teatro son mis maestros;
Quién pudiera al fin decir:
todos son amigos nuestros.

Si pudiéramos seguir,
nos faltaría escritura.
No se puede describir
a tanta gente de cultura.

CIUDADANOS

Y de polvo fueron creados,
por el soplo divino vivieron,
y al mundo fueron mandados
y cada rincón habitaron.

Para Dios no hay fronteras,
ni siquiera existe la muerte,
así que fueras donde fueras,
eso tuyo será de suerte.

El color de nuestra piel
no es igual a la de nadie.
No preguntes por la fe,
ésa es muy variable.

Las fronteras se crearon
igual que el tiempo medido,
por reyes que decretaron
lo ganado y lo perdido.

A los pueblos no nos sirven,
más bien nos marcan el borde,
para saber que allá viven
los ricos o los pobres.

La enseñanza que me dieron
en mi fe y en otras más,
es que somos ciudadanos
del universo total.

GUERRA

El juego macabro que
siempre jugamos, el
de ser siempre,
siempre el mejor,
y si alguien se atreve
por poco a retarnos,
sólo lo matamos
y nos olvidamos.
De eso se trata cuando
hacemos la guerra, de eso
se trata
siempre al negociar;
querer siempre ser
el humano "alfa",
por hablar de un animal.
Queremos no ser,
no ser el igual,
decimos que somos
tal como el creador,
pero sólo nosotros,
nunca los demás.
Somos perfectos,

pues nuestros defectos
nos hacen la elite
de la creación.
Pintamos a Dios con
nuestros colores
y después lo creemos,
eso es lo peor,
y vamos diciendo
ser los elegidos,
el único pueblo
que Dios escogió.
Se manda a los críos a
matarse entre ellos,
pues a los viejos sabios
hay que proteger.
Creamos los odios
y con ellos la historia
dirá su verdad,
y un día la estirpe
que se siente "alfa",
por todos sus actos,
al fin esa extirpe
se extinguirá.

Delfos Moyano González

DIRECTORIO DEL
CENTRO DE HISTORIA ORAL DE NUEVO LEÓN

Profr. Héctor Jaime Treviño Villarreal
DIRECTOR

Profr. Juan Antonio Vázquez Juárez
SUBDIRECTOR

Profr. José Mario Elizondo Montalvo
SECRETARIO

Verano de 2018
Primera Edición

Autor: **Delfos Moyano González**
Formato e impresión: cajar2010@hotmail.com

DELFOS MOYANO GONZÁLEZ, "SU MUNDO INTERIOR"

Esta edición se terminó de imprimir en junio de 2018 en Monterrey, NL., con un tiraje de 100 ejemplares. Para esta edición se utilizó tipografía Times New Roman, tamaños 12 a 16 papel bond, El cuidado de la edición corrió a cargo del autor Impresión y encuadernación por cajar2010@hotmail.com